Angelika Hahn

Papierflieger

originell – rasend schnell

ENGLISCH
VERLAG

Bibliografische Information der Deutschen Bibliothek

Die Deutsche Bibliothek verzeichnet diese Publikation in der Deutschen Nationalbibliografie;
detaillierte bibliografische Daten sind im Internet über
http://dnb.ddb.de abrufbar

© by Englisch Verlag GmbH, Wiesbaden 2003
ISBN 3-8241-1221-3
Alle Rechte vorbehalten. Nachdruck, auch auszugsweise, verboten.
Fotos: Frank Schuppelius
Printed in Germany

Inhalt

Vorwort

Papierflieger wurden von vielen von uns gewiss schon in der Grundschule gefaltet. Wenn Sie richtig fliegen konnten und möglichst lange in der Luft blieben, brachten die jeweiligen Modelle immer viel Spaß für alle. Ich habe in diesem Buch eine Auswahl an guten Papierfliegern zusammengestellt. Sicher werden auch Sie nach ein paar kurzen Tests Ihr persönliches Topmodell finden.

Bei jedem Modell wird der Arbeitsweg Schritt für Schritt dargestellt und erklärt. Alles ist einfach nachvollziehbar, und bereits mit wenigen Handgriffen entsteht ein toller Papierflieger. Die ausgewählten Modelle reichen von pfeilschnellen über Loopings drehende bis hin zu majestätisch gleitenden Papierfliegern. Damit Sie auch den gewünschten Flugeffekt erzielen, gibt es eine kurze Wurfanleitung zu jedem Modell.

Egal, ob Sie auf einem Kindergeburtstag, als Zeitvertreib in der Schule oder nur für sich selber einen Papierflieger bauen – sorgfältig gefaltet und richtig geworfen fliegen sie immer!

Also dann – gut Knick!!!

Angelika Hahn

Flugfehler und Lösungen

Was macht eigentlich einen guten Papierflieger aus? Wie lässt er sich steuern und was muss man tun, wenn das Modell seitlich umkippt oder nach vorne „abschmiert"? Ich habe Ihnen die wichtigsten Antworten zusammengestellt:

Ein guter Papierflieger darf nicht zu schwer zu falten sein, er muss gut fliegen und, je nach Art, z. B. Loopings drehen oder steile Kurven fliegen.

Der Flieger dreht sich auf den Rücken oder spiralförmig um seine Längsachse.

➤ Eine der häufigsten Ursachen für solche Flugfehler sind herabhängende Flügel. Die Flügelenden sollten vor jedem Flug erneut aufgestellt werden, sodass sie zusammen mit dem Flugzeugrumpf eine V-Form bilden.

Ihr Flieger gleitet geradewegs nach **unten**.

➤ Bei diesem Flugverhalten fehlt es dem Papierflieger an Auftrieb. Falten Sie an den Flügelenden jeweils eine gerade aufgerichtete Seitenführung. Sollte der Flieger danach immer noch nach unten

abtauchen, muss die V-Form des gesamten Fliegers etwas abgeflacht werden.

Ihr Wunschmodell fliegt immer zuerst **steil nach oben** und stürzt dann ab.

➤ Hierbei hat Ihr Papierflieger zuviel Auftrieb. Das leichte Objekt wird hochgehoben, kann sich dann aber nicht stabilisieren und stürzt unaufhaltsam ab. Sie müssen nun den Auftrieb herabsetzen, indem Sie die Seitenführungen diesmal nach unten biegen. Je steiler der Flieger nach oben steigt, umso tiefer müssen die Seitenführungen heruntergebogen werden.

Der Papierflieger fliegt **Rechts- oder Linkskurven** und keine gerade Bahn.

➤ Bringen Sie bei Ihrem Flieger kleine, schmale Höhenruder an der hinteren Kante der Tragflächen an. Je nach Stellung der Höhenruder wird einem Kurvenflug entgegengewirkt. Sollten Sie gerade einen Kurvenflug wünschen, klappen Sie ein Höhenruder steil nach oben und das Gegenstück nach unten – je steiler, desto extremer der Kurvenflug.

Wichtige Begriffe rund um den Papierflieger

Nachfolgend habe ich Ihnen die wichtigsten im Buch wiederkehrenden Begriffe kurz zusammengestellt und erklärt:

Bremsfalte: Diese Falte befindet sich am Heck des Rumpfes. Sie wird aufgerichtet und beeinflusst so die Geschwindigkeit und den Auftrieb des Papierfliegers.

Bugfalte: Hierbei wird an der Spitze des Rumpfes durch mehrfaches Falten des Papiers eine Falte angebracht. Dadurch entsteht eine Art Ballast, um damit das Vorderteil zu beschweren.

Haltepunkt: Das ist der Punkt, an dem der Papierflieger gehalten und abgeworfen wird. Er liegt bei einem geraden Flug im vorderen Drittel des Rumpfes.

Höhenruder: An der hinteren Kante der Tragflächen werden kleine Einschnitte vorgenommen. Die so entstehenden Klappen können nach oben oder unten gebogen werden und dienen dazu, die Flugbahn des Papierfliegers zu stabilisieren.

Seitenführungen: Die Flügelenden werden aufgerichtet bzw. abgeknickt. Dadurch werden Auftrieb und Kurs gesteuert.

Seitenruder: Statt einer Bremsfalte im Heck des Flugzeugrumpfes wird ein Seitenruder abgebogen. Zu einer gewünschten Seite gekippt, erhält man einen schönen Kurvenflug.

Stabilität: Der Flieger ist unempfindlich gegen Störungen und kehrt in seine normale Fluglage zurück. Ein instabiler Flieger taucht mit der Nase ab oder steigt steil auf.

Schwerpunkt: Der Schwerpunkt eines Papierfliegers sollte im vorderen Drittel des Rumpfes liegen. Am besten ist er zu finden, indem man den Flieger auf einem Finger balanciert. Dort, wo der Flieger ruhig aufliegt, ist der neutrale Schwerpunkt. Je weiter vorn der Punkt liegt, umso stabiler ist der

Flug Ihres Modells. Dabei vergrößern sich jedoch Geschwindigkeit und Auftrieb. Um den Schwerpunkt zu verschieben, muss Ballast am Bug angebracht werden. Dies kann entweder durch eine Bugfalte oder durch angeheftete Büroklammern oder Pappstücke geschehen.

Tragflächen: Die Flügel von Papierfliegern müssen dünn und glatt sein, um den Luftwiderstand herabzusetzen. Die Länge der Tragflächen spielt eine entscheidende Rolle für das Flugverhalten Ihres Modells. Je größer, desto länger ist die Flugzeit, aber umso langsamer auch der Flieger. Bei Papierfliegern

ist der Größe recht bald ein Ende durch den zunehmenden Mangel an Stabilität gesetzt.

Trimmen: So nennt man alle Änderungen an der Stellung von Höhen- und Seitenrudern, der V-Form und der Bremsfalte.

Wurftechniken: Es gibt beim Abwurf viele Techniken, mit der ein bestimmtes Flugverhalten gefördert wird. Wird z. B. das Modell beim Abwurf leicht abgewinkelt, fliegt es in eine bestimmte Richtung. Bei einem kräftigen Abwurf von unten nach oben macht der Flieger jedoch einige Loopings.

Materialkunde und Falttechniken

Es gibt eine Vielzahl an Modellen sowie Tipps und Tricks für einen guten Papierflieger.

Ich habe in diesem Buch einige schöne Modelle zusammengestellt, die Ihnen bei der Auswahl Ihres Papierfliegers helfen werden. Sicher werden Sie später noch durch individuelle Veränderungen an dem Bautyp Ihr ganz persönliches Modell erschaffen, aber vorher muss das Falten geübt werden.

Wichtigster Grundsatz dabei ist: Ein perfekter Flug setzt eine perfekte **Faltung** voraus. Halten Sie also immer alle Linien sorgfältig ein, investieren lieber etwas mehr Zeit in einen sorgfältigen Knick und streichen möglichst alle Knicke mit dem Fingernagel nach. Besonders die Faltungen im Bugbereich des Fliegers müssen ganz flach anliegen, da sonst ein ungewollter Luftwiderstand auftritt. Alle Faltungen sollten exakt symmetrisch sein, d. h. wenn Sie auf der rechten Tragflächenseite eine Seitenführung von 5 mm falten, muss die linke Seite ebenfalls 5 mm breit sein. Ein gut gefalteter Papierflieger ist völlig symmetrisch.

Als **Material** eignet sich DIN-A4-großes Papier, z. B. Kopier- und Briefpapier. Ton- oder Zeichenpapier ist auch geeignet, solange es nicht zu dick und damit zu schwer wird. Andere Papiere, wie Lack-, Transparent- oder Zeitungspapier, müssen im Einzelfall ausprobiert werden. Stabile, faltbare Folien und sehr dünne Bleche hingegen können durchaus verarbeitet werden; man sollte allerdings mit Einschränkungen im Flugverhalten rechnen. Großen Einfluss auf das Flugverhalten hat auch die Oberflächenstruktur des verwendeten Materials. Für einen optimalen Gleitflug empfiehlt sich eine glatte Oberfläche. Mit einer unebenen Oberflächenstruktur tritt eine höhere Reibung auf, und das Verhalten des Fliegers wird beeinflusst. Probieren Sie doch mal ein und dasselbe Modell mit unterschiedlichen Papiersorten aus! Bei guten Ergebnissen kann man dann noch durch Trimmung eine neue Höchstleistung erreichen. Farbige Papiere ergeben eine bunte Auswahl an Papierfliegern.

Sie können Ihren Flieger aber auch mit Filz- oder Buntstiften bemalen; auf andere Farben sollten Sie aber verzichten, da durch sie das Gewicht oder die Oberfläche verändert wird. Zum Schluss noch ein Wort zum **idealen Flugwetter**. Einen schönen Flugerfolg haben Sie nur an möglichst windstillen und trockenen Tagen, denn leider ist Ihr kleines Flugwunder sehr anfällig für Feuchtigkeit und völlig machtlos gegen eine Windböe. An einem windstillen Tag aber können Sie z. B. einen Flugwettbewerb austragen; mögliche Disziplinen könnten gerader Weitflug, Langzeitflug, Zielflug und Kunstflug, z. B. Loopings, sein. Jeder Teilnehmer kann sich ein Modell für jede der Disziplinen bauen. Dazu sollten allen Teilnehmern allerdings dieselben Materialien zur Verfügung stehen.

Papierflieger – originell – rasend schnell
Kurvenflieger

Der Kurvenflieger muss ganz genau gefaltet werden, da das Modell sonst nicht, wie gewünscht, wilde Kurven und Loopings fliegen kann.

❶

Falten Sie ein DIN-A4-Blatt der Breite nach in der Mitte.

❷

Das gefaltete Papier liegt quer mit der Falte nach oben vor Ihnen. Falten Sie die rechte obere Ecke so über die geknickte Mittelkante, dass rechts ein kleines Dreieck über den unteren Rand herausragt.

❸

Wiederholen Sie den Vorgang auch auf der anderen Seite.

❹

Öffnen Sie das Papier wieder und falten die vorbereiteten Ecken auf das Papier. Wiederholen Sie diesen Arbeitsschritt auch auf der anderen Seite.

❺

Nun falten Sie das Papier vorsichtig an der Mittelfalte zusammen, sodass sich die rechte obere und die linke obere Ecke treffen. Machen Sie dann diese Faltung wieder rückgängig.

❻

Falten Sie die nach oben zeigende Fliegerspitze herunter, sodass sie auf der Mittellinie aufliegt. Die Spitze sollte etwa auf dem Mittelpunkt zwischen dem Blattrand und der Kreuzung der beiden Seiten zu liegen kommen.

❼

Klappen Sie nun die überstehende Spitze nach innen ein.

❽

Falten Sie nun den Papierflieger an der Mittellinie zusammen.

❾

Für den Flugzeugrumpf werden nun noch die Tragflächen rechts und links knapp 2 cm von der Mittellinie herunter gefaltet.

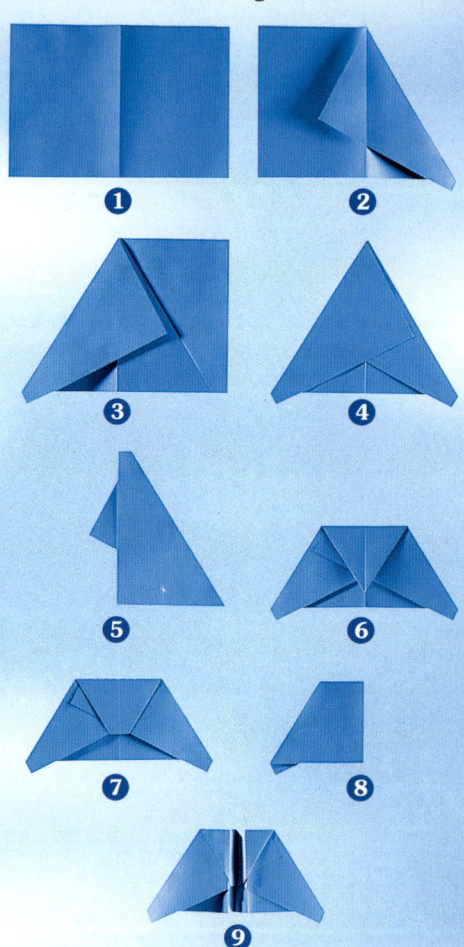

Wurftechnik:
Hierbei ist ein möglichst gerader, schwungvoller Abwurf optimal. Die Flügel unbedingt zu einer V-Form aufrichten.

Langstrecken-Jäger

Dieses Modell muss mit viel gleichmäßigem Schwung abgeworfen werden. In der Luft entwickelt sich dann ein schneller Segelflug.

Diesmal benötigen Sie einen quadratischen Bogen Papier. Am besten schneiden Sie ein Stück Papier von 20 cm x 20 cm zurecht. Schneiden Sie auf der rechten und auf der linken Seite jeweils ein 5 cm breites und 10 cm hohes Rechteck aus. In der Mitte bleibt so ein 10 cm breites Quadrat stehen.

Bei diesem kleinen Quadrat bereiten Sie nun die Grundfaltform „Sternfaltung" vor: Falten Sie das ganze Papier der Länge nach in der Mitte und lösen diese Faltung wieder. Danach falten Sie die Oberkante des kleinen Quadrats bis zur Schnittkante herunter und lösen auch diese Faltung wieder. Nun werden die rechte und die linke obere Ecke des Quadrats jeweils auf die gegenüberliegende Schnittecke gefaltet. Falten Sie alles wieder auf.

Mit der so vorbereiteten Sternfaltung bilden Sie ein Dach, indem Sie beide Seiten der Querfaltung des kleinen Quadrats nach unten auf die Mittellinie falten.

Knicken Sie nun die losen rechten und linken Dachecken auf die Dachspitze.

In Arbeitsschritt 4 ist ein diagonal stehendes Quadrat entstanden. Unten besteht es aus zwei Faltlinien und oben aus der Dachspitze.

Falten Sie nun beide Seiten wieder herunter, fassen den Mittelpunkt der Dreiecksbasis und falten ihn auf die Dachspitze. Dabei stellen sich die losen Enden rechts und links auf.

Falten Sie diese nun auf die obere Spitze des Quadrats.

Das Modell wird jetzt entlang der Mittellinie zusammengefaltet.

Um nun das Modell zu vollenden, falten Sie die eine Tragfläche auf einer gedachten Linie von der Flugzeugspitze zur Mitte des Fliegerhecks nach unten. Die beiden Dreiecke in der Mitte des Bugs werden dabei nicht mit heruntergefaltet, sondern bleiben aufrecht stehen. Wiederholen Sie diesen Schritt auch auf der anderen Seite.

Abschließend werden die Tragflächenspitzen so nach oben gefaltet, dass eine gerade Tragflächenkante entsteht. Wiederholen Sie den Schritt auch noch auf der anderen Seite.

Wurftechnik:
Dieses Modell möglichst mit gleichmäßigem Schwung, mit der Spitze leicht nach unten geneigt, abwerfen. Die hochgeklappten Flügelspitzen können den Schwung bremsen, daher nach Wunsch ausrichten.

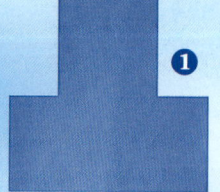
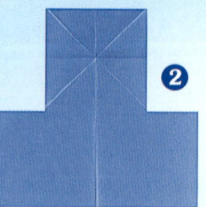

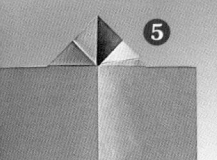 ❺ 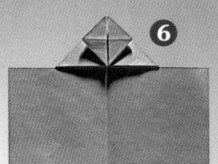 ❻  ❼ 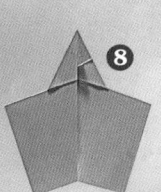 ❽  ❾

13

Rasender Blitz

Der rasende Blitz ist ein Papierfliegermodell, das schnell und einfach gefaltet werden kann. Es sollten jedoch nur Papiersorten verwendet werden, die nicht stärker sind als handelsübliches Kopierpapier.

Falten Sie ein DIN-A4-Blatt einmal der Länge nach zusammen.

Öffnen Sie das Papier wieder und knicken die oberen beiden Ecken zur Mittellinie hin, sodass ein Pfeil entsteht.

Die Pfeilspitze wird nun nach unten geknickt, sodass die Pfeilspitze etwa 4 cm vom unteren Blattrand auf der Mittellinie zu liegen kommt.

Nun falten Sie die rechte und die linke obere Ecke des so neu entstandenen Rechtecks auf die Mittellinie, sodass erneut ein Pfeil entsteht.

An der Mittellinie ragt nun ein kleines Dreieck hervor, das nach oben gefaltet wird.

Falten Sie nun die beiden schrägen Außenkanten des Fliegers auf die Mittellinie.

Vor Ihnen liegt jetzt ein fast fertiger Flieger. Sie müssen nur noch beide Seiten des Fliegers an der Mittellinie nach unten falten – und schon kann's losgehen!

Wurftechnik:

Das Modell wird gerade mit gemäßigtem Schwung abgeworfen. Zum geraden Weiterflug wird der Flieger beim Abwurf an der Verdickung auf der Unterseite des Rumpfes gehalten. Fasst man den Flieger zu weit vorne, erreicht man nur einen langsamen Sinkflug, zu weit hinten abgeworfen, fällt der Flieger leider wie ein Stein zu Boden.

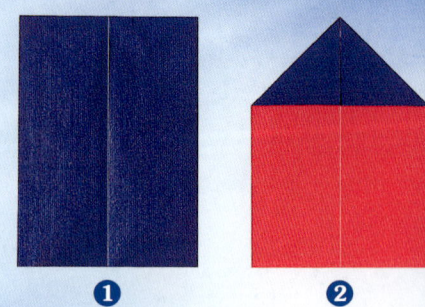

3

4

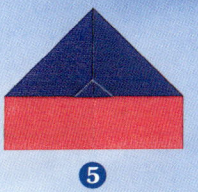

5

6

7

Cirrus

Dieses Papierflugzeug ist ein Multitalent. Von einem hohen Punkt, wie z. B. einem Balkon, abgeworfen, kann es lange und weit fliegen. Zur Herstellung wird diesmal eine Schere benötigt.

Legen Sie ein DIN-A4-Blatt vor sich hin und bereiten eine Sternfaltung vor: Dazu falten Sie das ganze Papier der Länge nach in der Mitte und lösen diese Faltung wieder. Dann falten Sie nacheinander die rechte obere und die linke obere Ecke diagonal auf die Mittellinie und lösen beide Faltungen wieder. Zum Schluss falten Sie an dem Punkt, an dem sich die diagonalen Faltungen kreuzen, die obere Blattkante quer nach unten und falten sie wieder auf.

Falten Sie daraus ein Papierdach, indem Sie beide Seitenpunkte der Querfalte nach unten auf die Mittellinie falten.

Die beiden losen Enden werden nun zur Dachspitze hochgeklappt.

Falten Sie den Flieger an der Mittellinie zusammen. Zeichnen Sie sich nun auf der Tragfläche mit Bleistift einen Keil ein.

Nun kommt die Schere zum Einsatz: Schneiden Sie den Keil aus den Tragflächen heraus.

Damit alles möglichst symmetrisch wird, sollten Sie den gefalteten Flieger fest zusammenhalten und so beide Tragflächen gleichzeitig ausschneiden.

Falten Sie jetzt etwa 2 cm parallel zur Mittellinie beide Tragflächen herunter.

Nachdem Sie auch die Tragfläche auf der anderen Seite heruntergefaltet haben, widmen Sie sich der Heckflosse. Sie muss zweimal gefaltet werden. Zuerst falten Sie die Spitze nach unten.

Die zweite Faltung ist ein Stück tiefer gelegen. Falten Sie auch hier die Heckflosse nach unten. Dann wiederholen Sie den Vorgang auch auf der anderen Seite.

Nun werden die Tragflächen Ihres Fliegers aufgestellt. Um den Flieger flugtauglich zu machen, muss die Heckflosse so zusammengeklebt werden, dass sie aufrecht stehen bleibt.

Tipp: Bei diesem Modell ist es hilfreich, gleich zwei Höhenruder an den Tragflächen anzubringen und diese vor dem Abwurf steil aufzurichten.

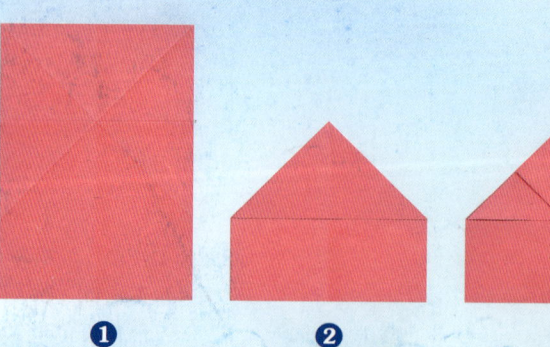

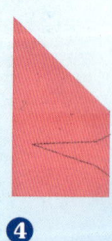

Wurftechnik:

Die Spitze wird beim Abwurf leicht nach oben gerichtet, der Abwurf selber sollte möglichst sanft und gleichmäßig erfolgen. Wird der Flieger schon beim Abwurf rechts oder links angewinkelt, macht er eine große Kurve in diese Richtung.

⑤ ⑥ ⑦ ⑧ ⑨

Wasserflugzeug

Dieses Modell kann mit wasserfestem Lack besprüht werden, um es auch mal auf dem Wasser landen zu lassen.

 1

Bereiten Sie zunächst eine Sternfaltung vor: Dazu falten Sie das ganze Papier der Länge nach in der Mitte und lösen diese Faltung wieder. Dann falten Sie nacheinander die rechte obere und die linke obere Ecke diagonal auf die Mittellinie und lösen beide Faltungen wieder. Zum Schluss falten Sie an dem Punkt, an dem sich die diagonalen Faltungen kreuzen, die obere Blattkante quer nach unten und falten sie wieder auf.

2

Um zu einem Papierdach zu gelangen, werden jetzt noch die Seiten zur senkrechten Mittellinie gedrückt.

3

Die beiden losen Enden des Daches werden entlang der Mittellinie zur Spitze hochgeklappt.

4

Öffnen Sie die Faltung an beiden Seiten wieder, und falten Sie die Außenkanten des Daches so, dass sie an der Mittellinie aufliegen.

5

Öffnen Sie auch diese Faltung wieder. Auf jeder Dachfläche hat sich jetzt ein Kreuzungspunkt gebildet. Dieser Kreuzungspunkt ist im kommenden Arbeitsschritt sehr entscheidend. Falten Sie die Außenkanten wieder zur Mittellinie. Die lose Ecke des Daches zeigt nun entlang der Mittellinie nach unten. Klappen Sie diese an dem bereits vorhandenen Knick nach

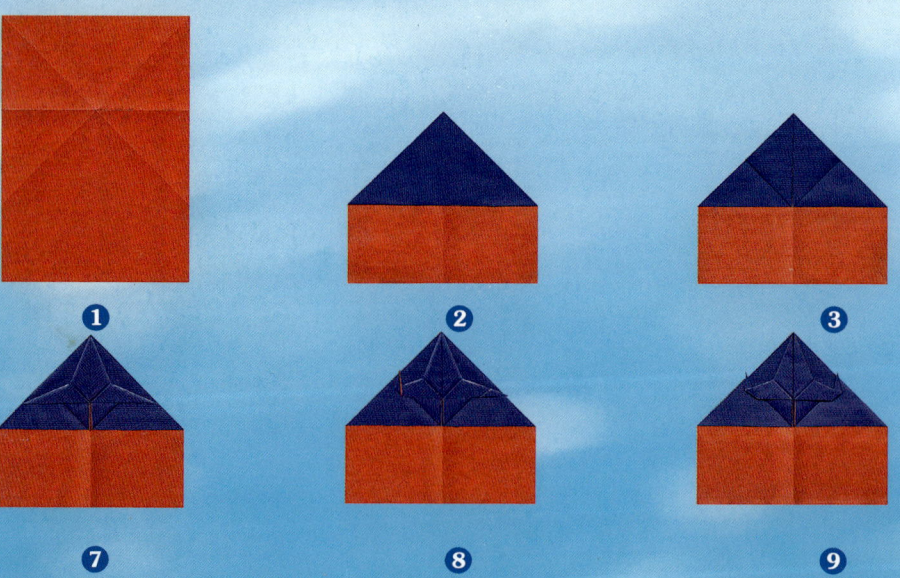

oben zur Spitze, sodass die Ecke nun genau auf der Dachspitze aufliegt. Dabei entsteht eine Faltung, die zwischen dem Kreuzungspunkt und der Dachecke verläuft.

Wiederholen Sie diesen Vorgang auch auf der anderen Seite.

Die beiden nach oben zeigenden Spitzen werden nun für das Fahrwerk waagerecht heruntergeklappt. Die Kante, die vorher auf der Mittellinie angelegen hat, liegt jetzt parallel zum Heckende des Fliegers.

Die losen Spitzenenden werden zu den Heckkufen des Fliegers. Nun messen Sie von der Spitze ab an der unteren, waagerechten Kante 3 cm ab und an der schrägen Kante 2 cm. Verbinden Sie beide Punkte mit einer Linie und knicken die Spitze entlang dieser Linie nach oben. Wiederholen Sie diese Faltung an der anderen Spitze.

9

Klappen Sie nun die Spitzen wieder herunter

und kehren entlang der vorbereiteten Faltung die Innenseite der Spitze nach außen. Dazu fassen Sie in die Papierspitze und ziehen sie Richtung Mittellinie.

Das Modell liegt mit der Spitze nach oben vor Ihnen. Die Dachspitze wird nun auf der Höhe des Fahrwerks nach hinten auf den Rücken geklappt. Dann falten Sie ca. 1,5 cm parallel zur Mittellinie die Tragflächen nach unten (s. gestrichelte Linien).

Bisher lag das Flugzeug mit dem Bauch nach oben. Drehen Sie es nun um. Zur Trimmung und für einen sauberen Flug sollten Sie noch je eine Seitenführung an den Flügelenden anbringen.

Wurftechnik:

Bei diesem Flieger sollten Sie sich beim Abwurf unbedingt bremsen. Das Modell fliegt optimal mit nur geringem Krafteinsatz und geradem Abwurf. Der Haltepunkt liegt kurz hinter den Kufen.

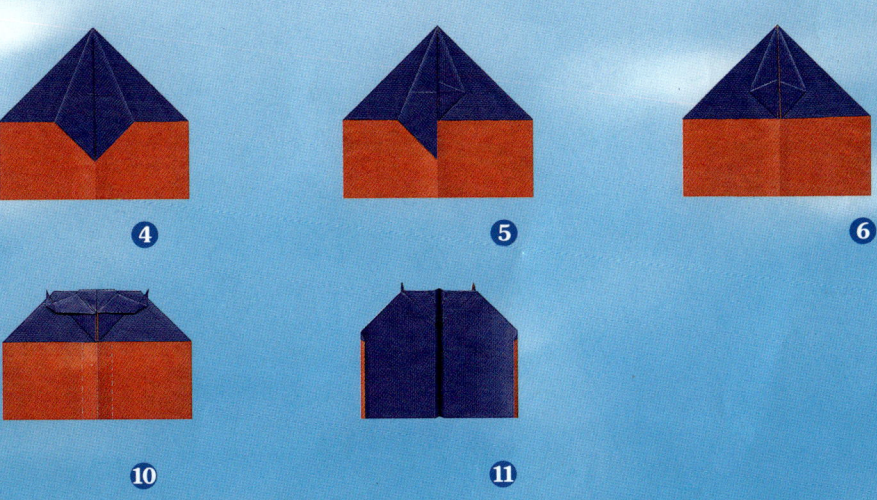

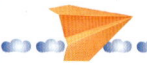

Looping King

Ein König der Lüfte. Dieses Modell macht viel Spaß, wenn Sie für den Abwurf viel Platz und möglichst keine störenden Windeinflüsse haben.

❶

Falten Sie einen DIN-A4-Bogen waagerecht und senkrecht, sodass die Faltungen ein Kreuz bilden. Dann lösen Sie die Faltungen wieder. Das Papier liegt waagerecht vor Ihnen.

❷

Denken Sie sich nun eine Linie zwischen dem oberen Endpunkt der senkrechten und dem rechten Endpunkt der waagerechten Faltung (siehe gestrichelte Linie). An dieser Linie falten Sie die rechte Ecke nach schräg unten.

❸

Wiederholen Sie diese Faltung auf der anderen Seite.

❹

Die entstandene Spitze wird entlang der Querfaltung zum unteren Papierrand geknickt. Dabei sollte die Spitze genau am unteren Ende der senkrechten Faltung aufliegen.

❺

Das gefaltete Papier liegt jetzt waagerecht vor Ihnen. Die Spitze zeigt nach unten. Klappen Sie die rechte, obere Ecke soweit ein, dass Sie auf dem rechten, unteren Papierrand aufliegt.

❻

Wiederholen Sie diese Faltung auch auf der linken Seite.

❼

Öffnen Sie die eingeknickten Flügel wieder, und biegen Sie die untere Spitze so nach oben, dass sie auf dem oberen Ende der senkrechten Falz aufliegt. Legen Sie die Außenflügel wieder darüber.

❽

Auf der Querachse des Fliegers hat sich mittig eine Papierkante gebildet. Die obere Spitze wird jetzt so gefaltet, dass sie direkt an der Kante aufliegt.

❾

Drehen Sie den Flieger auf die Rückseite, mit der abgeflachten Spitze nach links. Die Rückseite weist keine gefalteten Elemente auf.

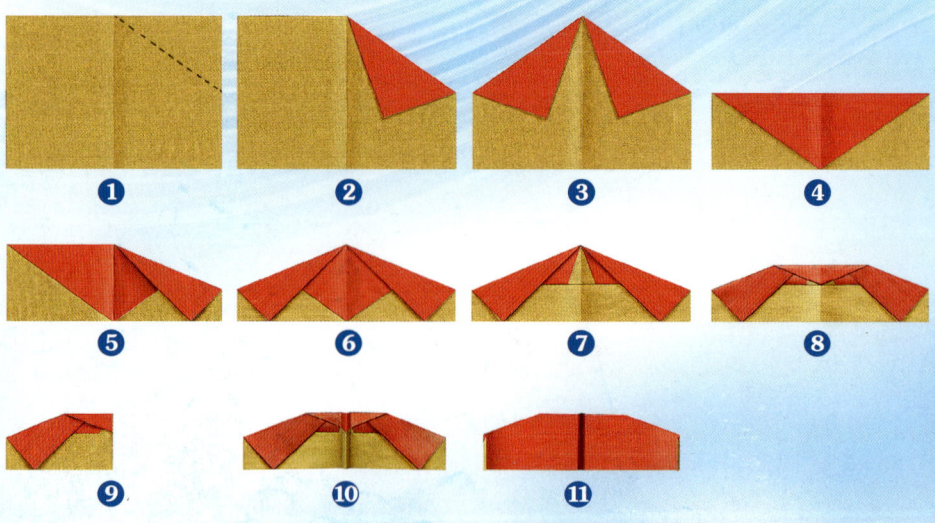

❶ ❷ ❸ ❹

❺ ❻ ❼ ❽

❾ ❿ ⓫

Falten Sie nun den unteren Teil des Fliegers entlang der Mittellinie nach oben.

Um den Rumpf zu bilden, drücken Sie den Flieger zusammen und falten beide Tragflächen etwa 1,5 cm parallel zur Mittellinie herunter.

Bisher lag der Flieger sozusagen auf dem Rücken. Drehen Sie ihn jetzt um und beide Tragflächenenden nach oben auf die neu entstandenen Faltungen. Nun ragen die Tragflächenspitzen nach oben. Zum Abschluss werden noch Seitenführungen an den Tragflächenenden angebracht.

Wurftechnik:
Einfach gerade nach vorne, leicht nach oben gerichtet abwerfen. Nicht zu viel Schwung nehmen.

Segler

Dieses Modell ist wohl das bekannteste Papierflugzeug. Es wird seit vielen Jahren von allen Altersklassen fleißig gefaltet. Denn durch die einfachen Faltfolgen und die guten Flugfähigkeiten des Seglers kann man sich noch Jahre später an dieses Modell erinnern und es auch wieder leicht bauen.

Alles, was Sie brauchen, ist ein DIN-A4 gro-ßer Bogen Papier. Falten Sie es einmal senk-recht zusammen und öffnen das Papier wieder.

Die rechte obere Ecke wird bis zur linken Außenkante gefaltet. Öffnen Sie die Faltung wieder und wiederholen den Vorgang auf der linken Seite. Öffnen Sie auch diese Faltung wieder.

Auf dem Papier ist nun ein Kreuzungspunkt zwischen den Faltlinien entstanden. Der obere Teil des Papiers wird nun an diesem Kreu-zungspunkt nach unten gefaltet.

Die Ecken des oberen Blattbereichs werden nach innen zur Mittellinie hin gedrückt, sodass ein dreieckiges Dach entsteht.

Das Dreieck besteht aus zwei losen Flügel-enden. Falten Sie das rechte Flügelende auf der Mittellinie zur Spitze hoch.

Wiederholen Sie diesen Arbeitsschritt auf der anderen Seite.

Die Spitze Ihres Fliegers besteht nun aus einem geschlossenen Ende und den beiden hochgefalteten Flügeln. Es sieht aus wie ein auf die Spitze gestelltes Quadrat. Die losen Stücke werden nun entlang der Querachse des Quadrats nach unten geklappt.

Als Nächstes wird die geschlossene Spitze, in entgegengesetzter Richtung der losen Flügel-enden, auf den Rücken des Fliegers gefaltet.

Zum Schluss müssen noch die Faltungen für den Bug rechts und links etwa 1,5 cm parallel zur Mittellinie angebracht werden. Für die Seitenführungen falten Sie die Außen-kanten der Tragflächen etwa 1 cm breit nach oben.

Tipp: Bei diesem Mo-dell ist eine Bremsfalte am Heck empfehlens-wert.

Wurftechnik:

Um einen schönen Segelflug zu erhalten, muss dieser Flieger gleichmäßig mit viel Schwung abgeworfen werden, dabei ist die Modell-spitze ganz gerade ausgerichtet. Bei einer leicht nach oben gerichteten Spitze hat der Flieger zu viel Auftrieb, steigt kurz steil auf und fällt wie ein Stein zu Boden.

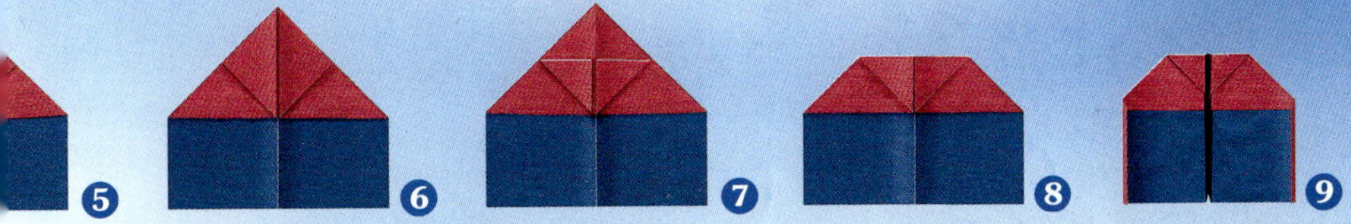

Düsenjet

Der Düsenjet ist eine tolle Papierrakete, mit der weite, gerade Strecken bewältigt werden können. Man kann damit z. B. Botschaften geräuschlos quer durch einen Saal segeln lassen ...

Nehmen Sie ein DIN-A4-Blatt und falten es der Länge nach zusammen und wieder auseinander. Es entsteht ein senkrechter Knick.

Falten Sie die obere rechte Ecke auf die Mittellinie. Wiederholen Sie dies bei der oberen linken Ecke. So entsteht eine Art Pfeil.

Rechts und links außen sind nun neue Ecken entstanden. Falten Sie die neue rechte Ecke zur Mittellinie. Dabei verläuft die Faltkante genau zur unteren rechten Ecke.

Wiederholen Sie diesen Arbeitsschritt auf der linken Seite.

Wieder sind auf der rechten und linken Seite neue Ecken entstanden. Diese werden jetzt wiederum zur Mittellinie hin gefaltet. Dabei sollten die Ecken in der Mitte zusammentreffen.

Falten Sie das fertige Modell nun zusammen, sodass der glatte Rücken ohne Faltungen innen liegt.

Nun werden die Flügel noch so nach unten, also in Richtung Rumpf, gefaltet, dass die obere Flügelkante mit der Mittelfaltung, die jetzt den unteren Rand des Flugzeugs bildet, abschließt.

Wiederholen Sie den Vorgang auch auf der anderen Seite.

Abwurf-Tipp:

Hat Ihr Flieger beim Abwurf zu wenig Auftrieb, können Sie die hinteren Ecken der Tragflächen etwas nach oben biegen.

Wurftechnik:

Bei diesem Modell ist das Flugverhalten abhängig von dem Haltpunkt beim Abwurf. Fassen Sie das Modell weit vorne, verliert der Flieger zwar sehr schnell an Höhe, dreht sich dabei aber elegant um sich selber. Weiter hinten gefasst und mit leichtem Schwung abgeworfen, zischt er ab wie ein Pfeil.

❶　　　　❷　　　　❸

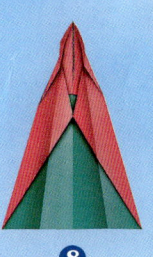

④ ⑤ ⑥ ⑦ ⑧

Trooper

Der Trooper ist ein herrlicher Gleiter, den Sie mit ein paar Handgriffen in einen wahren Looping-Meister umbauen können. Für kleine Loopings müssen später beim fertigen Modell nur die hinteren Flügelspitzen nach oben gebogen werden.

Legen Sie ein DIN-A4-Blatt vor sich hin und bereiten zunächst eine Sternfaltung vor: Dazu falten Sie das ganze Papier der Länge nach in der Mitte und lösen diese Faltung wieder. Dann falten Sie nacheinander die rechte obere und die linke obere Ecke diagonal auf die Mittellinie und lösen beide Faltungen wieder. Zum Schluss falten Sie an dem Punkt, an dem sich die diagonalen Faltungen kreuzen, die obere Blattkante quer nach unten und falten sie wieder auf.

Mit der so vorbereiteten Sternfaltung bilden Sie ein Dach, indem Sie beide Seiten der Querfaltung nach unten auf die Mittellinie falten. Dann klappen Sie die rechte Dachhälfte auf die linke Seite.

Die rechte Papierhälfte wird nun so zur Mittellinie geknickt, dass ein Falz zwischen der Dachspitze und der rechten unteren Ecke entsteht.

Nachdem Sie beide losen Spitzen von der linken auf die rechte Seite gefaltet haben, wiederholen Sie Arbeitsschritt 3 auf der linken Seite. Dann klappen Sie die losen Spitzen wieder auf.

Drehen Sie nun das Modell auf die Rückseite. Der Kopf des Modells wird nun nach unten geklappt, sodass die Spitze auf der Mittellinie aufliegt. Jetzt wird die Spitze wieder zurückgefaltet, sodass Sie mit der neu entstandenen, oberen Kante übereinstimmt.

Das Modell ist jetzt schon fast fertig. Alles was noch fehlt sind die Knicke für den Flugzeugrumpf. Dazu wird das Modell mittig zusammengefaltet.

Um die Rumpffaltungen anzubringen, werden die Tragflächenkanten in Richtung der Mittelfaltung heruntergefaltet. Die Tragflächenkante sollte dann auf der Mittelfaltung aufliegen.

Wiederholen Sie den Vorgang auch an der anderen Tragfläche, falten das Modell wieder auseinander – und fertig ist der Papierflieger!

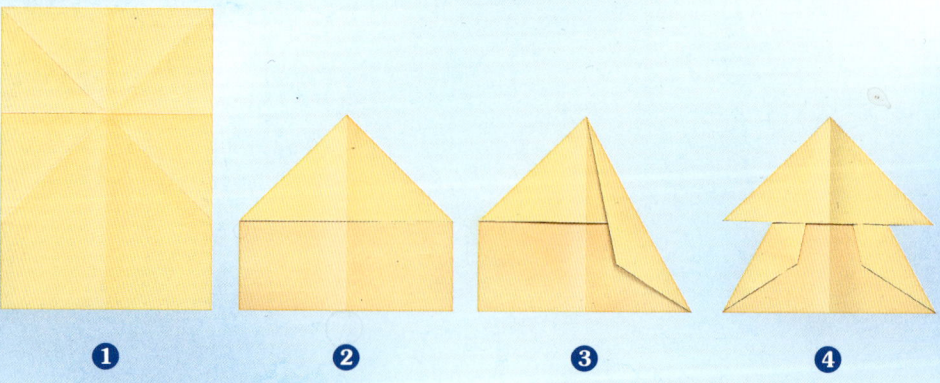

❶   ❷   ❸   ❹

Wurftechnik:

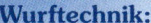

Vorsichtig abwerfen, mit etwas Übung fliegt er seine großen Kurven. Bei zu viel Schwung schmiert das Modell sofort ab, dreht sich aber vorher und kommt ein Stück in Bodennähe zurück.

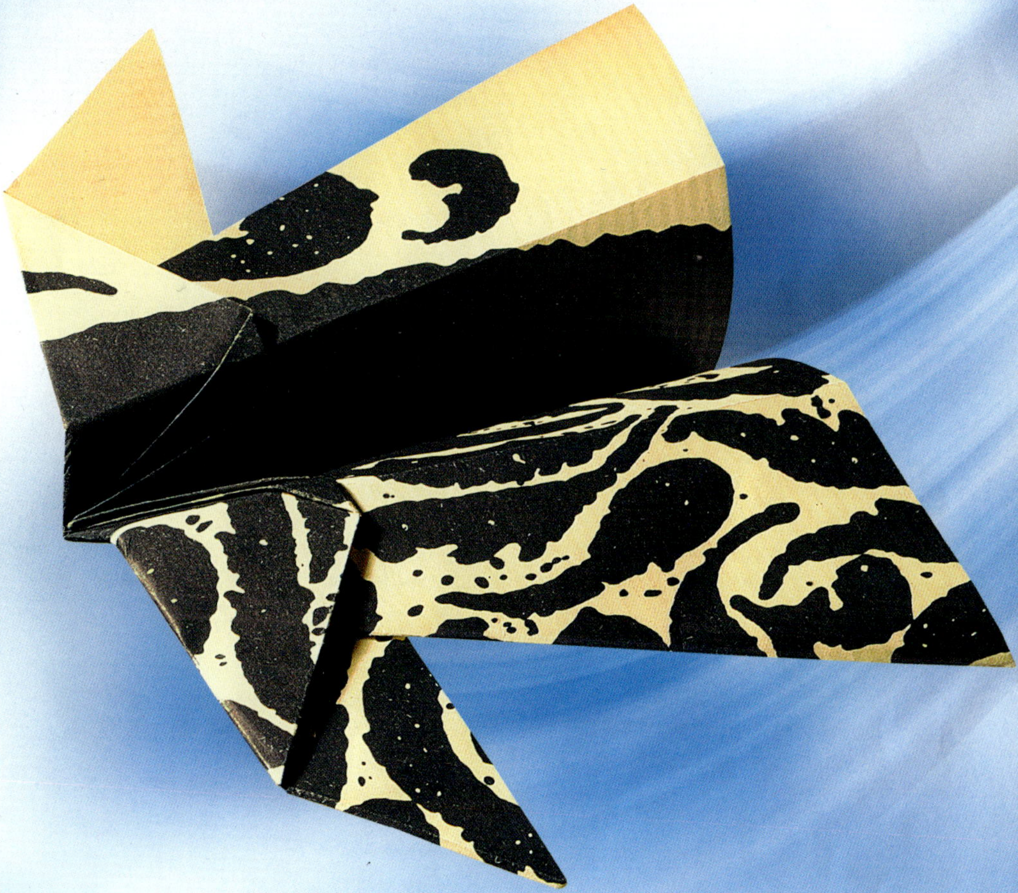

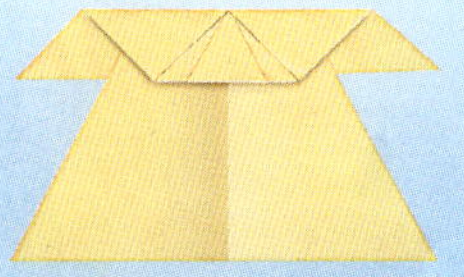

5

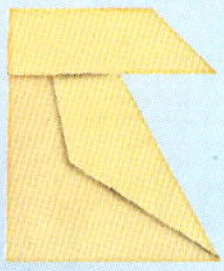

6

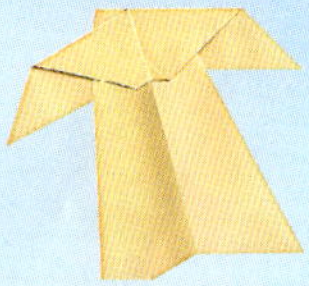

7

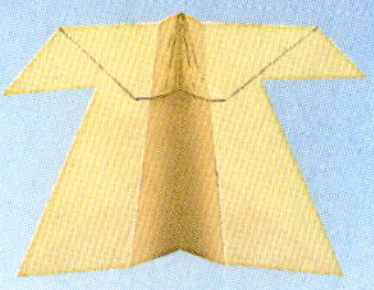

8

Schnelle Schwalbe

Dieses Modell ist ein richtiger Segler. Es wird mit viel Wucht abgeworfen, fängt sich dann und beginnt mit einem langsameren Segelflug.

Ein DIN-A4-Blatt wird der Länge nach gefaltet. Bei allen Knicken empfiehlt es sich, auch einen Gegenknick auszuführen. Dazu wird das Papier wieder geöffnet und zur anderen Seite gefaltet.

❷

Bereiten Sie nun eine Sternfaltung vor: Dazu falten Sie nacheinander die rechte obere und die linke obere Ecke diagonal auf die Mittellinie und lösen beide Faltungen wieder. Zum Schluss falten Sie an dem Punkt, an dem sich die diagonalen Faltungen kreuzen, die obere Blattkante quer nach unten und falten sie wieder auf.

Aus der Sternfaltung wird nun ein Papierdach: Falten Sie beide Seiten der Querfaltung nach unten auf die Mittellinie.

Falten Sie nun die frei beweglichen oberen Flügel des Dreiecks zur Spitze.

Parallel zur Mittellinie wird auf jeder Flügelseite ein Knick für den Rumpf angebracht. Dazu drücken Sie den Flieger zusammen und falten die Tragflächen rechts und links gleichmäßig nach unten.

Der Flieger benötigt noch eine Bugfalte und eine Bremsfalte am Heck.

Nun werden noch die Seitenführungen angebracht. Dazu wird ein ca. 1 cm breiter Knick rechts und links an die Außenkante der Flügel gefaltet.

Tipp: Um die Flugeigenschaften Ihres Fliegers zu verbessern, können Sie noch ein „Tuning" vornehmen:
Öffnen Sie die in Schritt 7 entstandene Faltung wieder und falten sie zur Hälfte zurück, sodass drei Papierlagen aufeinander liegen. Öffnen Sie dann die Faltung erneut und richten die Seitenführungen auf. Als Varianten können noch Höhenruder und ein Bremsloch als Trimmung eingebaut werden (siehe Abbildung ❽).

Wurftechnik:

Dieser Flieger benötigt einen richtig kraftvollen Abwurf. Ist er zu langsam, zieht die schwere Spitze das Modell nach unten und der Flieger stürzt ab.

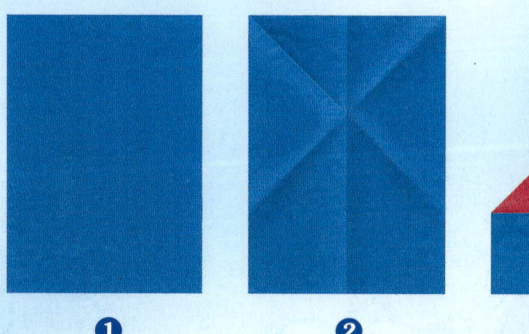

❶   ❷   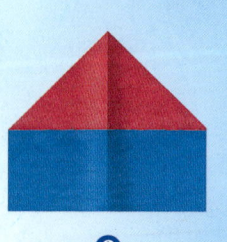 ❸    ❹

⑤ 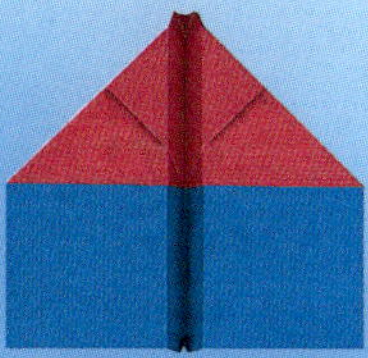 ⑥ 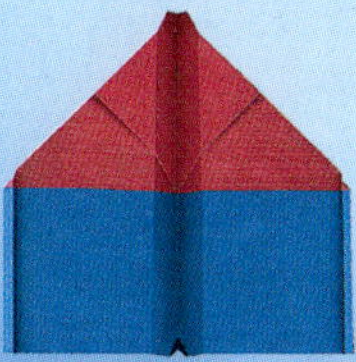 ⑦ 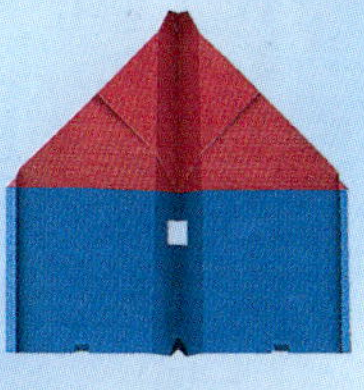 ⑧

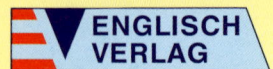